琉球風水志シウマが教える
あなたの運命をつかさどる

NUMBER CODE

「数字の暗号」

KODANSHA

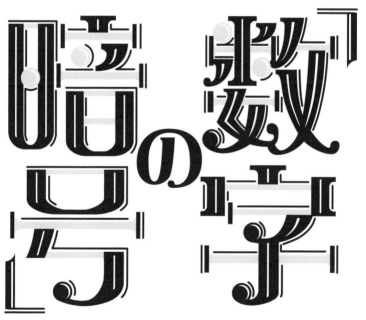

はじめに

　こんにちは、琉球風水志のシウマです。この本を通して私がお伝えするのは、「誰もが元気になるためには」と考えた末にたどり着いた、〝数字〟を使った開運メソッドです。これは、私の勝手な思い込みで作ったものではありません。4000年の歴史をもつ姓名判断をもとにあみだした「数意学」という統計学に基づき、約10万人の方々を鑑定していくなかで、効果を実感したものです。

　数字には、同じ数字を引き寄せる力があります。例えれば数字は〝電波〟のようなもの。よい意味をもつ数字を身につけると、不思議と同じ数字がまわりに集まってきます。そして、よいエネルギーを得られるのです。

　難しいことはひとつもありません。まずはゲームをするようなつもりで、気軽に〝数字遊び〟をしてほしいと思っています。例えば友達にお菓子をあげるときに個数を意識したり、メールの文面にいい意味の数字をつけ足したりして、シンプルに数遊びを楽しんでほしいのです。数字の意味を知ることは、話題作りやコミュニケーションのツールとしても役立つはずです。そしていつのまにか、数字を意識して使いこなすことができるようになることでしょう。

コロナ禍で大変な状況ですが、この本を手に取ったみなさんがそれぞれの目標に向かって楽しく、元気に過ごしていけるようになってほしいと思います。

２０２１年７月吉日　シウマ

もくじ

1は先見性やスピードを意味し、グループのトップに立つ力を秘めている数字です。

第1章

人生を変える数字の法則

あなたの知らない

不思議な数字の世界

チャンスを呼び込む32を身につけると、願ってもない幸運が次々に舞い込むはず。

〝数意学〟って何？

それぞれの数字には意味があり、吉凶がある

誕生日、住所、携帯番号、車のナンバー……ｅｔｃ．。私たちの生活には、知らないうちにさまざまな〝数字〟がかかわっています。実は、それらの数字は固有のエネルギーをもっており、私たちに影響を与えているのです。

みなさんも、もしかしたら語呂合わせや縁起をかつぐ意味で、数字について意識したことがあるかもしれませんね。でも、しっ

〝数字〟はエネルギー。幸せを引き寄せる力がある!

魅力や才能が開花する31。運気もうなぎ上りで、周囲の評判もよくなります。

かりとした根拠に基づいて数字を利用したことのある人は、ほとんどいないのではないでしょうか。

数字のエネルギーは大きくふたつに分けられます。「吉数」と「凶数」です。吉数と縁のある人はプラスの効果を得やすく、逆に凶数と縁がある場合、マイナスの効果を呼び込みやすいのです。

吉数を身につければ、運気がグングンUP！

このような数字のもつエネルギーについては、もちろん科学的に証明されているわけではありません。けれども、これまで私が鑑定をしてきた約10万人のデータを検証してみたところ、実に

88％の確率で、その事例が確認できたのです。「吉数に囲まれている人の運はいい」と。つまり、数字が人に影響を与えるということは、〝現象として〟は事実と言えるのです。

では、「吉数」そして「凶数」とはどのようなものなのでしょうか？　根拠の大もとは姓名判断です。姓名判断では、1から80までの画数に対して、それぞれに吉凶と固有の意味を授けています。それになぞらえて、身の回りの数字とそれをもつ人の吉凶判断を行ったところ、吉数をもっている人の運気はよく、凶数に囲まれている人の運はよくないということが判明したというわけです。

そこで私は考えました。「吉数を身の回りに集めれば、自然と運気が上がるのではないか？」と。結果は思ったとおりでした。

本書では、この〝数意学〟に基づき、数字の意味と吉凶、その数字を使った開運方法を紹介しています。ぜひお試しを！

シウマが語る体験談

ラッキーナンバーで変わった!! 数字の力で私の人生に驚くべき変化が

母親のアドバイスで野球の成績が上がった!

最初に数字のエネルギーを実感したのは大学時代でした。私は野球部に所属していたのですが、試合があるたびに風水師の母がアドバイスをくれるのです。相手ピッチャーの生年月日と名前、背番号から性格を読み取ったり、野球場の方位からラッキーカラーを教えてくれたり。私はもともと逆らうタイプだったので、はじめは聞く耳をもっていませんでしたが、あまりにも当たるので、次第に信じるようになったのです。

特に印象に残っているのは、ある試合でのこと。母が相手ピッチャーの背番号と生年月日を見て「この選手は強気な気質とエネルギーをもっているから、最初から決め球を投げてくる」と言ったのです。普通、決め球は勝負どころのために残しておくもの。最初から投げてくることはまずありません。でも、いざバッターボックスに立つと、母の言うとおり相手は最初から決め球で勝負してきたのです。そのとき、「信じられない」という思いと「これは使える」という気持ちが湧き上がってきました。数字をうまく活用すれば、もっと野球で勝てるんじゃないか、と思ったわけです。それからは、とにかく母のアドバイスを聞くようにしました。そして、母の言うことにしっかり従っているうちに、私は4割近くも打てるようになったのです。

数字の影響で進路が変更されていく

私はその後、大学を卒業し、社会人野球を目指しました。大学の野球部で背番号

16番だった先輩のアドバイスに従い、スポーツの専門学校に行き、社会人野球のチームの入団テストを受けたのです。しかしその結果、いろいろな事情にはばまれて、野球の道をあきらめることになります。これは、16という数字の影響を受けたためだと思います。私の本名の外格《がいかく》（姓名判断で人間関係のほか、物との縁や外部との引き寄せなどの運気を表す部分）が16なので、背番号16の先輩の意見を〝電波〟のように引き寄せたのでしょう。実は16という数字には「先祖の導き」という意味があります。私は先祖から「進む道は野球ではない」と示されていたのだと思うのです。

数字を本格的に学び、東京へ進出

その後は、どのような道に進むとしても、母が活用していた琉球風水（九星気学、姓名判断）は必要になるだろうと思い、私も学び始めました。なかでも特に力を入れたのが、統計学をベースに数字のエネルギーで運を読む、「数意学」です。数意学の勉強を本格的に始めるようになってからは、まわりの人たちから相談をよく受けるようになりました。

私は高校の教員免許ももっていたので、母校で臨時教員として働かないかという話もあったのですが、それまでの私は沖縄でしか暮らしたことがなく、さらにはずっと野球中心の生活を送っていました。そのため、自分の経験から生徒たちに教えられることは野球に関すること以外は何もないなと思い、一旦外の世界へ出たいと思うようになります。そこで、東京へ行くことに決めたのです。

上京する際、携帯番号の下4桁の合計数を11に変更したのですが、11には「素直さ」「誠実さ」「スピード」「流れがスムーズになる」といった特徴があります。沖縄ののんびりした感じから、東京のスピードに合わせられるように、この数字を選びました。

東京ではまず、スポーツジムのインストラクターとして働きはじめ、そこでも一緒に働いている人たちなどから相談されることがよくありました。私も勉強している琉球風水や数意学を試してみたいという思いがあったので、相談にのっていたのですが、私がずっと体育会系だったということもあり、アドバイスをする際の言葉や言い方がキツいと言われることが多くありました。そこで、優しさを出せるように下4桁の合計数を15に変えるのですが、今度は優しくなりすぎてしまい、自分らしさや本来の鋭さなどが弱まってしまいました。その影響で予想しないトラブルに巻き込まれることなどもありましたが、その後には初となる書籍を発売することになるなど、いいことも立て続けにありました。

このように番号を変え、いいことが起こる前に一度悪いことが起こることもあります。このような出来事を「好転反応」と言っています。特に吉数から新たな吉数に変えたときに起こりやすく（2～3回ほど）、凶数から吉数に変えたときにはあまり起こりません。この「好転反応」が起こった際に、そのハードルを乗り越えられると、その先にはより大きな幸運が待っているのです。

自分に合った数字とともに現在の活動へ

その後、だんだんメディアの仕事も増え始めたため、タレント性やスター性が増したり、自分を魅せる力が増す17に変更します。すると、芸能事務所への所属が決まったり、雑誌で特集が組まれたり、さらに新たな書籍の発売が決まるなど波に乗り始めました。

そして、もう12～13年はこの17のまま活動を続けているため、現在もメディアに出続けられているのだと思います。これまで、自分の置かれた状況に合わせて、携帯番号を変えてきました。私のなかで、最終目標としている数字は別にあるのですが、その数字に変えるにはタイミング的に早いので、しばらくはまだ17のままでいこうと思っています。

第2章

数字を使いこなすための
〝数意学〟で
運を上げる方法
基本的なルールとは？

お金まわりがとてもよくなる24。そのほか、モテるという効果も望めます。

“数意学”の使い方

まずは自分の数字をチェック！

金運

▼

暗証番号

例）1376の場合

1+3+7+6=17

　クレジットカードや銀行のキャッシュカードの場合、カード番号ではなく、暗証番号を見ます。４桁の数字をバラして足してみてください。その数字は金運に影響を与えます。

総合運・恋愛運

▼

携帯番号

例）090-××××-1234の場合

1+2+3+4=10

　この場合は下４桁のみを足します。なぜなら下４桁以外は地域などで限定されるものだから。下４桁だけがそれをもつ人固有の数字となり、総合運や恋愛運に影響を与えます。

まずは携帯番号など、身の回りの数字を調べてください。番号が1~80までなら、そのままの数字で判断します。数字が80を超える場合、そこから80を引きましょう。例えば97なら、80を引いて17となります。123など、3桁以上の場合、1+2+3=6というふうにバラして足します。029など、頭に0がつく場合も3桁と考えて足します。3桁以上の数を足し80を超えたら、2桁数字と同様に80を引きます。この手順で出た数字が、あなたの運気を物語ります。

行動運・勝負運

▼

座席・駐車場など

例）036の場合

0+3+6=9

例）36の場合

36

映画館の座席や駐車場、駐輪場の番号などでは、その日、そのときの運勢に影響を与えます。80までの2桁の数字ならそのまま、81以上は80を引いて、3桁以上は足してみてください。

健康運

▼

車のナンバー

例）品川 330 え 6799の場合

6+7+9+9=31

上のイラストのように、ナンバーが3桁、4桁の場合は、1桁ずつ足します。「・・91」など、2桁で81以上の数字の場合は、その数字から80を引いた数字を使います。91-80=11となります。

開運の方法

使用のルールと開運するコツ

こんなときには使いません

▼ クレジットカード キャッシュカード

自分で選ぶことができないカード番号は、数意学では不採用です。より影響度が高く、変えられる暗証番号を採用します。

▼ 住所・部屋番号

土地や部屋は、土地そのものがもつエネルギーや家相が大きく影響しています。数字による影響力は小さいので、採用しません。

開運の方法はとても簡単。先にあげたそれぞれの番号を、吉数に変えればよいだけです。例えば、キャッシュカードの暗証番号の合計数が「14」の人は、金銭的にツイていないことが多いはず。この数字を、足して「24」になるように変えたら、グンと金運がアップ……という具合。それぞれの数字の意味は、第3章の数字の説明を見てください。ただ、下記のような場合は判断しません。基本的に、「変えることのできる数字」を見るのがルールなのです。

▼

免許証

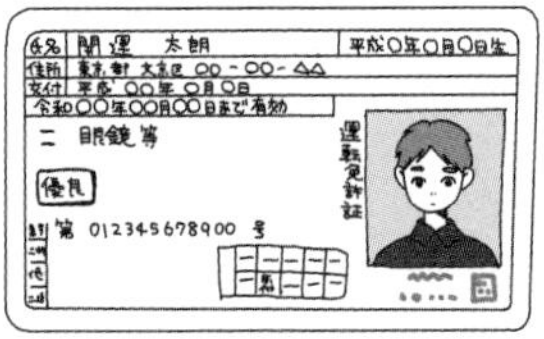

免許証、パスポート、保険証などの番号は、自分で決めることができず、また変えることができません。よって、採用しません。

▼

誕生日

生年月日は、その個々の数字自体に大きな意味があります。「バラして足す」というやり方とは違う方法で見るため、ここでは除外。

この本の使用マニュアル

幸せを呼び込むために

例えば

携帯番号を吉数に変える

影響力の強い携帯番号は、吉数に。仕事の都合などで番号を変えることが難しい人は、暗証番号を吉数に変えましょう。

例えば

吉数のアイテムを身につける

吉数のパワーを味方につけるためには、身近に吉数を配することが重要。持ち物に吉数のキーホルダーをつけたり、吉数のシールを貼るなどすると◎。

もう運気アップの方法はわかりましたね？　特に、肌身離さず持ち歩く、スマートフォンや携帯電話の番号の影響は大。ぜひ、吉数の番号を使ってください。

それ以外にも、数字のパワーで開運する方法があります。例えば、吉数を記したアイテムをもち歩くとか、待ち受け画像に吉数を入れるとか。また、電話をかけたり、メールをしたりするときに、吉数の〝〇分〟を選ぶのも効果大。待ち合わせ時間やデートの日付にも吉数を選ぶと◎。

例えば

大切な約束はラッキーな日付・時間に

デートや面接にはぜひ、いい日付を選びましょう。月は無視して日にちだけで見てください。また、メールを送るなら、よい分数を選ぶのが正解。

「数字を変えることでさまざまな変化が……」

例1

携帯番号を吉数に変えたら……

20

↓

21

これまでに数字を使って、私はさまざまな人たちを鑑定してきました。そこでわかったことは、なかなか仕事がうまくいかないとか、人間関係で悩んでいたりする場合、ほぼ間違いなく、その人には凶数がかかわっているということです。ここでは、吉数を使って運気がアップした例をいくつかご紹介します。これらの具体的な例から、数字の効果をうまく利用すれば、まったく違ったエネルギーを身につけられるということを実感してみてください。

明日の暮らしにさえ悩む状態から一転、大忙しの毎日へ。

よい顧客がつくようになり経営状態も好調に!

真面目に仕事をしているのに、何かと難癖をつけられ、そのクレーム対応に追われて、ほかの仕事は断らなければならないという状況が続く自営業の人がいました。当時は金策にも追われ、商売あがったり。しかし、携帯番号下４桁の合計数を、実力が発揮でき経済的にも恵まれる21に変えた途端、まともな仕事が入り始めたのです。その後は以前のような問題が起こることもなく、経営も順調。お金まわりもよくなりました。

例2

待ち受け画像に吉数を入れたら……

22

↓

15

イライラしがちだったが穏やかな温かさを身につけ、人間関係がスムーズに。

しっかり面倒を見ることで部下の成長にも繋がる！

部下が期待どおりに動いてくれず、いつも怒鳴ってばかり、という人も多いのではないでしょうか。仕事用の携帯番号は簡単に変えられないと思いますので、そんなときは待ち受け画像に吉数を入れてみてください。特に、人間的な魅力が高まり、平和という特徴をもつ15を入れると、人に対して優しく接することができるようになります。すると、部下もよく動いてくれるようになり、まわりの期待に応える結果を残すようになるでしょう。

例3

スマートフォンの
暗証番号を変えたら……

10
↓
13

やる気をなくし孤独だったが、チャンスを生かして楽しめるようになった。

仲間からの誘いも増えみんなで楽しめるように

何もかも自分ひとりでやろうとしてしまい、気がついたらまわりから孤立していた、という経験はないでしょうか。そんなときは、13を活用してください。特におすすめなのが、人と連絡を取る際に使うスマホの暗証番号に設定すること。そうすると、仕事が忙しく人と交際する余裕がなかったという人も、時間ができ、友達からの誘いも受けやすくなります。また、無気力になることもなく、仕事を楽しんで続けられるようにもなります。

例 4

車のナンバーを変えたら……

19

↓

15

トラブル続きが一転して家族関係も円満に。

新車なのに問題発生!? 数字を変えたら好調に

事故や故障など、車に関するトラブルに巻き込まれないようにするためにも、車のナンバーには吉数を選んでください。「平和」という意味をもつ15がおすすめです。不運にあわないだけではなく、ドライブを楽しめるようになり、家族仲や友達との関係も良好になります。逆に避けたいのが、19。19には「障害」や「トラブル」という意味があり、新車であってもすぐに不調が起こるなどトラブルが頻発する可能性があります。

例5

キャッシュカードの暗証番号を変えたら……

14

↓

24

貯金額ゼロから
困っている友人へ
お金を貸せるまでに⁉

金運だけではなく、健康運も一緒にアップ!

つい無駄遣いをしてしまい、なかなか貯金ができないという人は、金運に一番かかわりのある、銀行のキャッシュカードの暗証番号を変更しましょう。お金に恵まれる代表的な数字は24。健康運にも効果があるので、例えばタバコを吸う人ならば、本数が減ったり、禁煙に成功したりして、その分、節約できるようになります。逆に14は、金運が悪く、金銭トラブルに巻き込まれやすい数字なので、避けたほうがよいでしょう。

例6

17

持ち物に吉数を書いたら……

自信がもてず悩んでいても
積極的に意志を打ち出して
まわりを引っ張れるように。

キャプテンの自覚が身につきチームの活躍に貢献!!

自身が所属している会社やチーム、部活などで、リーダーやキャプテンを務めている人におすすめしたいのが、17です。17には、「独立心」や「タレント性」という意味があるので、いつももち歩いている物に書き込んでみてください。目につきやすい場所だとよりよいです。特に、自分にあまり自信がないのにリーダーを任されている人に効果抜群。だんだん自信がもてるようになり、チームをうまく引っ張っていけるようになるでしょう。

暮らしのなかの数字の話

私たちはさまざまな数字にかかわって生きています。みなさんも「ここ一番！」というときに気にされる数字があるのではないでしょうか。あなたにとっての「縁起のいい」数字や「縁起の悪い」数字。ここでは、そうした数字を〝数意学〟的な視点から見ていきます。

まずは吉数から見ていきましょう。まず思い浮かぶのが、「ラッキーセブン」の7。7は一般的に、信じられないハッピーを呼び込み、奇跡を起こす数字とイメージされています。でも数意学では、7は単なる「棚からぼた餅」的なラッキーの数字ではありません。自分の「感性」や「意志の強さ」を表し、実力で夢をつかみとる数字です。

次に、「末広がりの八」と言われる8について。8には人脈が広がり、少しずつ運気が上昇するといった、ソフトな印象があるようです。たしかに8は、数意学でも吉数と呼ばれるいい数字。でも、この数字をもつ人はどちらかというと、好き嫌いのはっきりしたタイプ。人の和を広げるより、狭く深く自分の分野を掘り下げ、長時間かけて目標を達成します。

次に、縁起が悪いと思われている数について見てみましょう。例えば、4と9です。それぞれ「死」や「苦」を連想させるため、日本ではいい印象をもたれていませんね。縁起をかつぐためか、ホテルなどの施設では4のつく部屋番号をあえて外すことさえあります。さて、これらの数字は、数意学ではどのような意味をもつのでしょうか。

4は、主体的に行動できなくなる凶数ですが、それほど怖

9.4.8

いものではありません。4を身につけていると「他力本願」になったり、「消極的」になってしまいます。しかし、この数字で「寿命が縮まる」ことは決してないのです。

9は自己中心的になりがちな数字。一般的には「自分が苦しむ」イメージがありますが、むしろまわりを巻き込み波乱を起こす数字です。一方、抜群のセンスを発揮して一目置かれることもあり、一概に悪い数字とは言えません。

そのほか、ゴロ合わせで「悪い」と考えられている数字はいくつもあります。たとえば42や49ですが、これらも〝凶数〟ではあるものの、そのイメージほど悪くはありません。面白いのは「苦労」を連想させる96という数字。数意学では、81以上の2桁の数字については、その数字から80を引いて判断します。そのため、96は「96－80＝16」なので、16と

49.42

して用いるのです。16は「義理人情」に厚く、「神仏の守り」が得られる数字。そのため、一見縁起が悪そうな96も、実はいい数字ということになるのです。

数字に対する世間的なイメージと、数意学の考え方には共通点もあります。ただ、数字を単純に「いい」「悪い」と判断するのではなく、その数字のもつ意味をしっかりと考えてみることが大切なんですね。

16.96

第3章

数字に秘められたパワー

数字の意味を知ることで幸せがあなたのものに

明るさが身につく13は、人気者になれる数字。いつでも大活躍できるはずです。

No.
1
ラッキー度
★★★★★

リーダー・組織のトップ・先見性・スピード

行動力あふれるリーダー。個性的な発想で大成功！

どんな運勢？

個性的な発想ができるリーダー数。この数字をもつことで、物事の先読み力や積極性が身につきます。何事もスピーディかつ正確に解決可能。ただ、人よりかなり先に行ってしまうので、まわりがついて行けず、ひとりになってしまいがち。恋愛では、トップレベルの相手と縁ができやすくなります。

開運のコツ

ビルなど高い場所での息抜きが最適！

何かとスピードが速すぎる「1」の数字のパワー。協調性をもたらす「5」をプラスすることで、ほどよいバランスが保てます。また、開運カラーの夕ーコイズブルーを身につければ、流れがよくなり柔軟さが生まれます。

‖ 開運ナンバー ‖

5

‖ 開運カラー ‖

ターコイズブルー

No.
2
ラッキー度
★★☆☆☆

分離・意志薄弱・チャンスに弱い・消極的

アクティブになれない数字。誰かのサポート役が得意

どんな運勢？

消極的になりやすい数字。尻ごみしてチャンスを逃すことになりがち。優柔不断なため、素早い行動も苦手。まわりを応援したり、手伝うのが適任です。自分の意見をはっきりさせてから行動するようにしましょう。恋愛では、好きでもない相手に押し切られてつき合うことが多くなります。

開運のコツ

黄色いアイテムで開運。肌身離さずもち歩いて

自分に自信がもてず、何かと積極的に行動できないところがマイナス面。それを補うには、自信と行動力を授けてくれる開運ナンバー「1」を身近に置くこと。チャンスをつかむ力が強くなるイエローを身につけるのも◎。

‖ 開運ナンバー ‖

1

‖ 開運カラー ‖

イエロー

No.
3

ラッキー度
★★★★★

明るさ・行動力・前進・若さ・無邪気

誰よりも元気いっぱい！いろんなことにチャレンジ

どんな運勢？

子どものように無邪気で、若々しくなる数字。笑顔で明るく、おしゃべり好きになり、誰からも愛されます。また、好奇心が増し、さまざまな分野に興味が出てきそう。体にエネルギーがみなぎって、積極的に行動できるのも特徴。恋愛は楽しく明るく、遊園地ではしゃぐような子どもっぽいものに。

開運のコツ

童心にかえっておもちゃを集めてみるのも◎

もともと無邪気で元気いっぱいだけれど、開運ナンバー「15」を身につけると、さらに明るく楽しくなりモテモテに。アクティブさに拍車がかかり、よい運気をつかめるでしょう。開運カラーのブルーは冷静さを授けてくれます。

開運ナンバー

15

開運カラー

ブルー

No.
4

ラッキー度
★☆☆☆☆

他力本願・消極的・孤独・破壊・依存・甘え

ひとりで行動できないうえ他人から拒絶されやすい！

どんな運勢？

主体的な行動が苦手になる数字。この数字をもつと、自分で判断せず、人を頼りやすくなります。周囲から嫌な役回りを押しつけられることも……。以前から計画していたプランがダメになったり、友人や恋人との関係が悪化しやすい面も。恋愛でも積極的になれず、チャンスを逃しがちに。

開運のコツ

休日は家から出て活動を。アクティブさが重要

自立心が足りず、人を頼りがちな「4」の数字。根気と負けん気を養うには、開運ナンバー「8」がぴったり。この数字を身につければ、努力ができて何事も持続するように。また、開運カラーのレッドはやる気と元気を授けてくれます。

‖ 開運ナンバー ‖

8

‖ 開運カラー ‖

レッド

No. 5

ラッキー度
★★★★☆

行動力・協調性・思いやり・成功・優しさ

優しくて慕われる反面、本音を言えず悩みがち

どんな運勢?

優しさや協調性にあふれる数字。周囲から愛され、人間関係にも恵まれます。行動力もつくので、うまくまわりをまとめれば大成功する可能性も。ただ、他人を思いやりすぎて、はっきり本音を言えず困ってしまう場面もありそう。恋愛では、老夫婦のような、ほのぼのした関係に。

開運のコツ

牛肉を食べると自己主張しやすくなって◎

優しく協調性にあふれる面はいいけれど、ときとして自己主張ができずに、貧乏くじを引いてしまうことも。そんなあなたに個性と主張力を授けてくれるのが開運ナンバー「7」。開運カラーのブラックも動じない力をプラスしてくれます。

開運ナンバー

7

開運カラー

ブラック

No. 6

ラッキー度
★★★★☆

信頼・天恵・守り・神仏の加護・気高さ

ご先祖に守られツキまくる。夢見がちになりやすいかも

どんな運勢？

夢や理想に憧れを抱く数字。趣味や仕事で大成功を収めようとする気持ちが強くなります。先祖の守りを得やすく、思いがけないチャンスに恵まれたり、危険を回避できたりも。ただ、独りよがりになって場をしらけさせる危険性もあり。恋愛では夢見がちになり理想を追い求めそう。

開運のコツ

マンゴージュースを飲むと現実的発想が可能に

「6」をもつ人は、夢や理想ばかり追い求め、現実をしっかり見られないことがありそう。そんなとき、現実的でルールや常識を重んじる気質を授けてくれるのが開運ナンバー「25」。開運カラーのイエローは普通の感覚をもたらします。

‖ 開運ナンバー ‖

25

‖ 開運カラー ‖

イエロー

No.
7
ラッキー度
★★★★☆

意志強固・感覚が鋭い・勇気・独立心・個性

独自の感覚で成功をゲット！自分勝手になりやすい面も

どんな運勢？

独特なセンスをもてる数字。クリエイティブな才能や、カリスマ的魅力で成功できそう。勇気も人一倍になり、ライバルや障害に物怖《ものお》じしない精神力がつきます。強い意志で努力を積み重ね、周囲をあっと驚かせることも。恋愛では、恋人とあまりベタベタしたがらず、かなりクールな関係に。

開運のコツ

部屋に観葉植物を飾ると、協調性が身について◎

独特な感性と周囲の目を気にしないマイペースさが、周囲の反感を買うことも。そんなとき、誠実で温和な気質を授けてくれるのが、開運ナンバーの「11」。開運カラーのゴールドは、人徳と優雅さをもたらしてくれます。

開運ナンバー
11

開運カラー
ゴールド

No. 8

ラッキー度
★★★★☆

度胸・働き者・努力家・精神力・体力

ひたむきな努力家になって堅実さで評価されるはず！

どんな運勢？

　何事も地道に取り組み、コツコツ努力を重ねて成功できる数字。体力や精神力も充実し、人知れず前向きに頑張れそう。次第にまわりからも、真面目な性質を評価されるようになるはず。ここぞというときに踏ん張って、成功を勝ち取れそう。恋愛では、長く安定した関係を築けるようになります。

開運のコツ

オレンジのシャツを着ると爽やかな印象に

　コツコツ努力家なのはいいけれど、華やかさがなかったり、無愛想で第一印象が悪く思われがち。開運ナンバー「13」を身につければ、自然な笑顔とやわらかさが出せるように。開運カラーのオレンジも明るさを授けてくれそう。

‖ 開運ナンバー ‖

13

‖ 開運カラー ‖

オレンジ

No.
9

ラッキー度
★★☆☆☆

気苦労・自己本位・波乱・事件・感覚が鋭い

身勝手な行動が目立ちそう。トラブルが多く苦労しがち

どんな運勢？

企画力や発想力に優れた数字。鋭い感覚をもつ一方、自分勝手になりがち。自己主張が激しいため、リーダー的役割をすることもありますが、結局まわりの意見をまとめきれず、いざこざや騒動に巻き込まれることに。恋愛では身勝手だったり自由奔放な人に惹かれる傾向が。ケンカも多くなりそう。

開運のコツ

バイオレットやイエローの小物を身につけて

自己中心的になりがちな「9」。周囲とのトラブルを緩和させるには、老若男女から愛されるモテ数字である、開運ナンバー「15」を身につけて。開運カラーのバイオレットとイエローは、もっている感覚をよりプラスの方向に導きます。

開運ナンバー
15

開運カラー
バイオレット、イエロー

No.
10
ラッキー度
★☆☆☆☆

無気力・孤独・障害・金運なし・トラブル

何をやってもまるでダメ！不運が次々舞い込みそう

どんな運勢？

すべての行動が裏目に出やすい数字。トラブル続きで愚痴っぽくなる傾向も。何をしても楽しめず、周囲から悪い印象をもたれて、孤立してしまう場合もあるでしょう。出費がやたらと増えて、一気に貧乏になってしまう危険性も。恋愛では、勢いだけはあるけれど、尻すぼみな関係が多くなりそう。

開運のコツ

マゼンタの小物が周囲に優しい人を招来

無気力で何事にも真剣に取り組めなくなる「10」は、人から「いいかげん」と言われることも。開運ナンバー「35」を身につければ、真面目さと器用さが自分のものに。開運カラーのマゼンタは、周囲に優しい人を呼び寄せてくれそう。

開運ナンバー
35
開運カラー
マゼンタ

No.
11

ラッキー度
★★★★★

天の恵み・発展・聡明・先見・スピード

頭の回転が速くなり、物事もスムーズに進みそう

どんな運勢?

不可思議な力により幸運が舞い込む数字。まわりの人から愛されます。先見の明があるため、いち早く流行や話題のスポットを見つけることもできそう。知性も増すので、勉強や仕事も好調になります。恋愛では誠実な人や真面目な人との縁が強固になり、深い愛で結ばれるでしょう。

開運のコツ

川辺や公園など水の流れる場所に行くと吉

もともと強い数字である「11」。人に対する強さやカリスマ性が備わる開運ナンバー「29」を取り入れれば、さらに運気アップが期待できます。また、開運カラーのレッドは、やる気と元気を授けてくれる色です。小物などで身につけて。

‖ 開運ナンバー ‖

29

‖ 開運カラー ‖

レッド

No.
12
ラッキー度
★★☆☆☆

不安定・家族運が薄い・協調性欠如・挫折

問題続きで落ち込みがち。家族運の低さも悩みどころ

どんな運勢？

空回りが多くなる数字。思いがけない邪魔が入りやすくなります。協調性がなく自分勝手になり、まわりの反感を買い、気がつけばひとりきりに……。家族が病気になったり、問題を起こして、そのとばっちりを受けやすいのも特徴です。恋愛では本命になかなか想いが伝わらないなど、試練続きに。

開運のコツ

カモミールティーを飲むと、家族運がアップ

何かと問題が発生しがちな「12」。仲間やツキを呼び込む開運ナンバー「31」によってトントン拍子に物事が進むように。開運カラーのグリーンはバランスや平和を意味するので、家族との交流を深めるのに役立ちます。

開運ナンバー
31

開運カラー
グリーン

No.
13
ラッキー度
★★★★★

芸能・人気・活躍・決断力・チャンスに強い

誰よりも目立つ人気者に。チャンスを確実に生かせる

どんな運勢？

芸能人のような明るさが身につく数字。楽しいトークで周囲を盛り上げ、人気者になれるでしょう。決断力があり、チャンスを生かす力もつくので、失敗知らずに。体が丈夫になるのでケガや病気にもなりにくく、いつも健康体。恋愛では陽気な人やトーク上手な人、人気者と縁ができ、モテモテに。

開運のコツ

黄色い小物をもつと、楽しい気分に拍車が

チャンスに強い「13」。やや落ち着きに欠けるので、開運ナンバーの「8」を取り入れてバランスを保てば運気は最高潮に。また、イエローは豊かさや健康の象徴。数字と合わせてファッションに取り入れれば、向かうところ敵なし！

‖ 開運ナンバー ‖
8
‖ 開運カラー ‖
イエロー

No.
14
ラッキー度
★☆☆☆☆

金銭トラブル・神経疲労・不満・マイナス思考

落ち込みや不安にとらわれお金のトラブルも多くなる

どんな運勢?

金運が悪い数字。突然の出費が増えたり詐欺などにもあいやすく、気がつけば貯金がゼロに……。何事もうまくいかず、愚痴ばかり言って周囲をうんざりさせそう。また、特に理由もないのに不安になることも。恋愛では貧乏な人やヒモ男につけ入られやすく、金銭的なトラブルに見舞われる恐れが。

開運のコツ

金のアクセサリーを身につけると金運アップ

お金にまつわる苦労が絶えない「14」。財運をもたらす開運ナンバー「24」が効果的です。身につければ誠実な異性との出会いも訪れそう。また、輝くゴールドを取り入れることで、金運や幸福が舞い込みやすくなるでしょう。

開運ナンバー
24
開運カラー
ゴールド

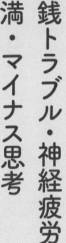

No.
15
ラッキー度
★★★★★

金運・人脈・発展・名誉・人気・平和

すべてが好調になる運勢！みんなの注目を集めそう

どんな運勢？ 人間的魅力が高まり、運気に恵まれる数字。交友関係が広がり、プレゼントをもらう機会も増えます。家族とも仲よく、仕事や勉強でも成果を出せるはず。活躍の場が広がり、多くの人に支持され高い評価を受けます。恋愛では人気者や優しい人から言い寄られそう。包容力のある相手との出会いも。

開運のコツ

レッドの洋服で元気とやる気が湧いてくる！

家族運と金運に恵まれた「15」の力を引き出す数字が開運ナンバーの「31」。ますます人望が集まるので、周囲を引っ張り大きな目的の達成が可能。開運カラーのレッドでエネルギーも充実し、元気よく毎日を過ごせるでしょう。

‖ 開運ナンバー ‖
31
‖ 開運カラー ‖
レッド

No.
16
ラッキー度
★★★★☆

組織のトップ・人情・神仏の守り・信念

信頼されるリーダーになる。神仏の加護で思わぬ幸運も

どんな運勢？

面倒見がよくなり、リーダーとして活躍できる数字。周囲から頼りにされ、出世するチャンスも増えそう。スピリチュアルな感性が高まり、見えない力に導かれることも。強い意志でひとつのことに打ち込み、目標を達成できるでしょう。恋愛では親分肌タイプと縁が。相手のリードに任せて安心。

開運のコツ

イエローの小物をもつと、人間関係運が上昇！

まわりから頼られる「16」をサポートするのは、若々しさの象徴である開運ナンバーの「3」。明るくアクティブに活動でき、成功を勝ち得ます。権力をもたらすイエローは仲間の信頼を高めるので、小物などで取り入れてみて。

‖ 開運ナンバー ‖

3

‖ 開運カラー ‖

イエロー

No.
17
ラッキー度
★★★★★

タレント性・独立心・大成功・猛進・健康

自信がみなぎり注目の的に。健康面も絶好調になりそう

どんな運勢？

実力以上の力を発揮できる数字。自然と注目を浴びるような魅力が備わり、みんなの関心の的に。才能を十分に生かして成功をつかみ取ることができます。独立心が育ち、何でも自分でやらなければ気がすまなくなる面も。恋愛では、容姿のいい人や流行に敏感な人を引き寄せやすくなります。

開運のコツ

トルコ石のアクセサリーを身につけると◎

タレント性があり成功しやすい「17」には、個性的な魅力を高める開運ナンバー「33」を。得意分野で頂点を極められます。開運カラーのターコイズブルーは積極的になれる色。仕事がスピーディにでき、新たなアイデアが浮かぶはず。

‖ 開運ナンバー ‖

33

‖ 開運カラー ‖

ターコイズブルー

No. 18

ラッキー度
★★★★☆

強気・幸せな家庭・生命力・頑張り屋・タフ

自信過剰なくらい強気で。家族や周囲との仲も順調！

どんな運勢？

元気が体中にみなぎる数字。やりたいことを精一杯できるでしょう。家族との仲もよく、サポートを受けながら頑張れます。強い決断力に周囲も感心。ただ、ときにやりすぎて反感を買ってしまうことも。恋愛では亭主関白型の男性や古風な女性に惹かれやすく、相手を深い愛情で包むでしょう。

開運のコツ

最新の流行スポットで遊んだり、デートを！

バイタリティにあふれ、まっしぐらに突き進む「18」。開運ナンバー「13」を取り入れると、さらにチャンスをものにしやすくなり◎。親しみやすく温かいオレンジを身につけると、まわりの理解を得やすくなるでしょう。

‖ 開運ナンバー ‖

13

‖ 開運カラー ‖

オレンジ

No.
19
ラッキー度
★☆☆☆☆

障害・色情・一時的成功・波乱・酒のトラブル

気持ちが落ち着かなくなりトラブル続きになる予感！

どんな運勢？

気持ちの浮き沈みが激しくなる数字。酒癖が悪くなり、飲み会で失敗する可能性が。突然泣き出して、まわりを驚かせることも。また、仕事や趣味も続きにくく、商売でひと山当てるなど一時的な成功はありますが、突然失脚することに。恋愛では遊び人やチャラ男など、軽薄なタイプと縁が。

開運のコツ

白い洋服を着れば気持ちが落ち着き運気もアップ

困難に陥りやすい「19」は、冷静さをもたらす開運ナンバー「7」でサポートを。ひとつのことに打ち込む気力が生まれます。開運カラーのホワイトとブルーは安らぎや元気をもたらす色。物事に根気よく打ちこめ、成功が自分のものに。

開運ナンバー
7

開運カラー
ホワイト、ブルー

No.
20
ラッキー度
★☆☆☆☆

ツキがない・病弱・転落・不安定・破産・犯罪

病気や金欠になりやすく いつまでも不運が続きそう

どんな運勢？

病気になりがちな、健康面で問題のある数字。チャンスを棒に振ることも多く、後悔を繰り返してしまいそう。無計画にお金を使ったり、引ったくりにあうなど、経済面で損をする傾向も。精神的にも落ち着きません。恋愛では大切な日に体調不良になったり、その日にツキがない出来事が多くなります。

開運のコツ

ジムに通ったり、ランニングをして体力をつけて

ツキのない「20」は、チャンスを呼び込む開運ナンバー「32」でサポート。金銭的にも成功でき、よい縁談が訪れることも。パワフルなレッド、積極性をもたらすターコイズブルーの小物をもつと、さらにアクティブになれます。

‖開運ナンバー‖

32

‖開運カラー‖

レッド、ターコイズブルー

No.
21

ラッキー度
★★★★☆

実力発揮・幸運・昇進・生活力旺盛・モテる

あらゆる面でツキまくり！人に羨ましがられる運勢に

どんな運勢？

幸運のもとに実力を発揮できる数字。さまざまな分野で成功し、周囲に認められます。昇進のチャンスや、起業の可能性もあり、経済的にも恵まれます。その道のスペシャリストとして注目されるかも。性的な魅力も増し、恋に興味をもっていなくても自然と異性が寄ってくるようになりそう。

開運のコツ

リラックスタイムには、ローズヒップティーを

総合的に運気の高い「21」は、信頼や先祖からの守りをもたらしてくれる「6」が開運ナンバー。いつまでも幸運が続くことでしょう。開運カラーのブルーは落ち着きを与えてくれ、実力を存分に発揮することができるように。

開運ナンバー
6
開運カラー
ブルー

No.

22

ラッキー度
★★☆☆☆☆

挫折・不平・見栄っ張り・失敗・短気

虚言癖や不平不満のせいでまわりの評価がガタ落ち！

どんな運勢？

見栄っ張りになりやすい数字。自分の欠点をごまかすために小さなウソを重ね、それがばれて大問題になることも。焦って行動して失敗し、評価を下げがち。何事もうまくいかないため、不平不満ばかり言うことに。恋愛では最初のうちは盛り上がっても、相手がすぐ冷めて恋が長続きしません。

開運のコツ

山や森林など緑に囲まれた場所で気分転換を

くじけることの多い「22」は、努力を象徴する開運ナンバー「8」でバイタリティに満ちた働き者になれそう。我慢強さも身につき奇跡が起こることも。グリーンは安らぎをもたらすので、温かい態度で仲間と打ち解けられるように。

開運ナンバー

8

開運カラー

グリーン

No.
23
ラッキー度
★★★★★

目的達成・知能・発想が非凡・実行力抜群

アイデアが湧き出てくる！行動力も誰にも負けません

どんな運勢？　オリジナリティある発想ができる数字。独創的なアイデアを生かして成功できます。頭の回転もよくなるので、勉強がはかどったり、上司に認められたりといいこと続きに。理想を実現するための実行力も自然と身につくでしょう。恋愛でも、会話の上手な相手と楽しく過ごすことができそう。

開運のコツ

バイオレットの服を着ることでスキルアップ

素晴らしい実行力を持った「23」は、開運ナンバー「1」を合わせればさらにスピーディな動きが可能に。独自の発想力を生かしてリーダーになれます。変化と直感を意味するバイオレットを身につけ、積極的に突き進みましょう。

‖ 開運ナンバー ‖

1

‖ 開運カラー ‖

バイオレット

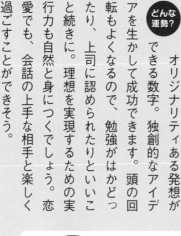

No.
24
ラッキー度
★★★★★

財運・資産家・健康・玉の輿《こし》・モテる

信じられないほどの財運が！恋愛面でも絶好調に

どんな運勢？

お金に恵まれる数字です。仕事で大成功したり、宝くじが当たるなど、思わぬ大金を得ることに。健康面もバッチリなので、趣味や仕事に全力投球できることでしょう。また、恋のチャンスも多く、モテモテ。特にお金持ちと縁がありそう。そのまま一気に結婚して、玉の輿に乗ることも……。

開運のコツ

感性を高めて。リンゴを食べるとGOOD

豊かな財産に恵まれる「24」には、人脈や発展を導く「15」が最適。家庭運も上昇し、恋愛、結婚運も絶好調！　癒やしの色・バイオレットを取り入れれば、周囲との関係もスムーズに。平和で幸せな毎日を送れます。

‖ 開運ナンバー ‖
15
‖ 開運カラー ‖
バイオレット

No.
25

ラッキー度
★★★★☆

優れた才能・個性的・根性・エリート

才能が一気に開花する運勢。エリート意識が目を覚ます

どんな運勢？

隠れたセンスを発揮できる数字。ずば抜けた記憶力と計画力で持っている力を発揮できます。努力家でド根性あり。一歩一歩前進していきます。ただ、やや真面目で規律に厳しすぎる面があり、まわりから気難しく思われることも。恋愛でもルールで相手を縛りすぎて、辟易《へきえき》されることに。要注意。

開運のコツ

普段しない行動をあえてとると好結果に

自分の道を突き進む「25」には、信念を強める開運ナンバーの「16」がピッタリ。神仏の守りを受け、集団のトップに立つことができます。開運カラーのパステルピンクは愛情や優しさを高める色。自分を中心にハッピーが続きます。

開運ナンバー
16

開運カラー
パステルピンク

No.

26

ラッキー度

★½☆☆☆

混乱・過大評価・家族縁が薄い・波乱

トラブルが頻発して困惑！友達や家族ともすれ違いに

どんな運勢？

親族の問題に悩まされる数字です。家族の理解を得られず、進学や仕事、恋愛面で困難に直面しそう。また、仲間や上司から実力以上の評価を受けて途方に暮れることも。病気になったり、事故に巻き込まれて苦労するなど、困ったことが続出します。恋愛でも、家族の反対にあうなどの困難が。

開運のコツ

寝るときにラベンダーの香りでリラックス

「26」は思わぬ事態にアタフタしがち。天からの恵みを受ける開運ナンバー「11」で、物事を先読みする力を身につけられそう。気持ちを落ち着かせるラベンダー色のアイテムを身につければ、冷静に行動できるようになります。

‖ 開運ナンバー ‖

11

‖ 開運カラー ‖

ラベンダー

No.
27

ラッキー度
★★★☆☆

孤立・非難・短気・優しさに乏しい・強情

優しさをなくしてしまい大切なことを見失いがち

どんな運勢? 孤独に陥りやすい数字。配慮のない言葉で周囲の人を傷つけてしまいそう。しかし、いろんな意味で切れ者。頭の回転は速いが気も短く、人の話を遮って空気をおかしくしがち。人間関係ではトラブル続きで友人も少なめ。恋愛でも、ひとりの時間を大切にするため相手を放置し、去られることに。

開運のコツ

パーティやイベントに積極的に顔を出して!

強情で孤独に陥りがちな「27」は、人脈や家庭運に恵まれる開運ナンバー「15」で運気を高めて。周囲から理解を得られるようになります。開運カラーのマゼンタは愛情を発する色。大切な人に自然と優しく接することができるでしょう。

開運ナンバー

15

開運カラー

マゼンタ

No. 28

ラッキー度 ★（1/5）

家庭内トラブル・苦労・不安定・別離・手術

悲しい出来事が起こり続け気が滅入ってしまうかも！

どんな運勢？

思わぬ不運に見舞われる数字。勉強や仕事で失敗をしたり、家族が問題を起こしてそのフォローに神経をつかったり……。恋人や友人など、大切な人との仲たがいも。精神的にも落ち着かず、病気やケガも多くなります。恋愛でもお互いの気持ちとは別の部分でうまくいかなくなりそう。

開運のコツ

花の香りのする入浴剤で、チャンスに強く

トラブル続きの「28」は、開運ナンバーの「18」で運気上昇。家族との関係も修復され、仕事も遊びも元気よくこなせるように。さらに気持ちを和らげるグリーンの効果で、安定した状況をキープすることができます。

開運ナンバー

18

開運カラー

グリーン

No.

29

ラッキー度

★★★★☆

権力・財力・名声・知力・積極的・強運

人望を集められる強運が！けれど調子に乗るのは厳禁

どんな運勢？

自信みなぎる数字。職場や仲間内で信頼を得て、王様や女王様として君臨するでしょう。知性にも磨きがかかります。積極的に仕事や趣味に取り組むことで、収入もアップ。ただ、あらゆる面で恵まれるため、少々高飛車になって不評を買うことも。恋愛では女性の場合、強すぎて縁遠くなるかも。

開運のコツ

パステルカラーの小物で、優しい気持ちを演出

あらゆる能力に秀でており、まわりから反感を買うこともある「29」。味方が多くなる開運ナンバー「31」で周囲からサポートされ、成功することが可能に。癒やし色であるラベンダーで、やわらかい物腰や態度を身につければなお◎。

開運ナンバー

31

開運カラー

ラベンダー

No.
30

ラッキー度 ★★☆☆☆（2.5）

一時的に大きな成功・落とし穴・一発型

億万長者のチャンスあり？ バブルに終わる可能性大

どんな運勢？

金銭面で変化がある数字。株やギャンブルで大儲けして、巨万の富を手に入れるかもしれませんが、それは一時的なもの。慎重かつ堅実でいないと、友人の裏切りや悪徳業者の誘いにあうなどして無一文に。恋愛でも、すぐに盛り上がって、すぐに終わる短命な恋を繰り返しがち。ご用心。

開運のコツ

柑橘《かんきつ》系の香水をつけることで金運が上昇！

成功が長続きしない「30」は、計画性が備わる開運ナンバー「25」をチョイス。個性や才能を発揮し、エリートへの道を進むことが可能に。開運カラーのブルーは気分を落ち着かせるので、危険な勝負や賭けに乗らずにすむはず。

‖ 開運ナンバー ‖

25

‖ 開運カラー ‖

ブルー

No.
31
ラッキー度
★★★★★

ツキまくり・才能あり・気立てよい・繁栄

才能や魅力が一気に花開く！悩みと無縁の素晴らしい運気

どんな運勢？

素晴らしいツキに恵まれる数字。リーダーとしてプロジェクトを進めたり、仲間を統率して大成功を収められそう。一歩一歩確実にステップアップしていけます。頭脳明晰《めいせき》なうえ性格も温厚なので、異性からの評判もうなぎ上り！仕事も趣味も恋愛も、すべて絶好調にこなせるでしょう。

開運のコツ

緑の野菜を積極的に食べると運気が持続！

何もかもが絶好調な「31」。その運気を補助する開運ナンバー「24」には、財運・健康運・恋愛運を高める力が。物事を思うとおりに進められます。平和を意味するグリーンの小物で、まわりとの関係もバランスの取れたものに。

開運ナンバー
24

開運カラー
グリーン

No.

32

ラッキー度

★★★★★

チャンスに強い・くじ運・発展が発展を呼ぶ

絶好のチャンスが目白押し。真剣な態度で確実にゲット

どんな運勢？

さまざまなチャンスが舞い込む数字。地道な努力が実を結び、周囲から高い評価を受けて理想の実現に近づけそう。また、宝くじやギャンブルで一攫千金《いっかく》も狙えます。恋愛では、初恋のようにいつまでも新鮮でときめく恋ができそう。合コンやお見合いで、素晴らしい相手にめぐり合える可能性も。

開運のコツ

ゴールドのアクセサリーで金運がますます好調

ここぞというときに強い「32」を補強するのは開運ナンバー「17」。タレント性を身につけることができ、成功の規模をさらに拡大。幸福をもたらすゴールドを身につければ、お金や健康に恵まれて楽しく過ごせるでしょう。

‖ 開運ナンバー ‖

17

‖ 開運カラー ‖

ゴールド

No.
33

ラッキー度 ★★★★★

個性的・ダイナミック・頂点・人間的魅力

独自のセンスで突っ走る！人生を楽しめる素敵な運勢

どんな運勢？

個性的な魅力を発揮できる数字。夢の実現に向かい、必死で努力します。高いレベルのなかで力を発揮し、スペシャリストとして成果を出せそう。交友関係も広がり、親しみのある〝カリスマ〟になる可能性も。自分の目標を重視するため、恋は二の次になりがち。特に女性は、結婚願望も薄いでしょう。

開運のコツ

ターコイズのアクセサリーで物事がスムーズに

「33」の強い個性をいい意味で引き出してくれるのは、開運ナンバー「15」。人脈をもたらし、金運が高まります。家族との関係も良好なものに。気さくな印象を与えるターコイズブルーを身につければ、より親近感をもってもらえそう。

‖ 開運ナンバー ‖

15

‖ 開運カラー ‖

ターコイズブルー

No.

34

ラッキー度

★★★★★

事故・予期せぬ不運・病難・酒に注意

不運が次々やってきそう お酒には十分気をつけて!

どんな運勢?

思わぬ不幸を呼び込みやすい数字。真面目に努力しているのに、まわりから誤解を受けそう。対人トラブルやケガも多くなります。特にお酒には要注意。失言をして目上の人の反感を買うことも。一夜の過ちを犯すなど恋愛でもトラブルに巻き込まれやすく、不倫やDV、借金などに悩まされるかも。

開運のコツ

落ち込んだときは、海に出かけて気分転換を

不運に見舞われやすい「34」は、開運ナンバー「31」の力で運気を高めて。開運ナンバー「15」を用いれば金運や家庭運も上昇。3つの開運カラーを、ファッションにバランスよく取り入れれば、落ち着きや豊かさが自分のものに。

‖ 開運ナンバー ‖

31、15

‖ 開運カラー ‖

バイオレット、イエロー、ブルー

No.
35

ラッキー度
★★★☆☆

真面目・優しさ・技芸・学問・家庭の平和

優しい人柄で幸せをつかむ。その道のプロとして大成も

どんな運勢?

愛があふれる数字。家族と仲よくなったり、幸せな恋愛をすることができます。物事に誠実に取り組むことで、着実に結果を得られそう。手先が器用で技芸に優れ、アーティストや美容師など、技術を要する職業で大成功! 恋愛では母性本能が刺激され、大好きな人にとことん尽くしそう。

開運のコツ

のりやごまなど黒い食べ物で苦手なものを克服!

愛情深い「35」は、何かと人のために行動しがち。タレント性や独立心が身につく開運ナンバー「17」を取り入れれば、大きな成功をつかめるはず。開運カラーのブラックは何事にも動じない、強い自信を与えてくれそう。

開運ナンバー
17

開運カラー
ブラック

No. 36

ラッキー度
★★☆☆☆

波乱・神経質・短気・トラブル・パワハラ

周囲に慕われやすいけれど面倒な事態が次々に起こる

どんな運勢？

自己中心的な態度から、さまざまな問題が起こりがち。何かと慕われ仲間や後輩の面倒を見るけれど、相手を思いやれずにかんしゃくを起こし、辟易させたり……。余計なトラブルに巻き込まれ、手痛い失敗をする場合も。恋愛でも自分勝手な振る舞いと強引な態度で相手に引かれそう。

開運のコツ

マゼンタの小物をもつと落ち着きを取り戻せそう

親分肌で慕われやすい「36」には、実行力が高まる開運ナンバー「23」が最適。非凡な発想が備わり、まわりを引っ張って目的を達成できそう。開運カラーのマゼンタで優しさを身につければ、真のリーダーとして尊敬を受けます。

‖ 開運ナンバー ‖

23

‖ 開運カラー ‖

マゼンタ

さて、ここまで1から36までの数字について解説してきました。第2章でも書いたとおり、携帯番号や暗証番号、車のナンバーなど、現在の日本では4桁で設定するものが多く、その場合の最大値は4桁×9（1桁のなかで一番大きな数字）＝36となります。ほかにも、みなさんがもとからもっている数字や身の回りにある数字は、だいたいこの36くらいまでがほとんどなのです。

これから解説する37以降の数字は、もとからもっている人は多くなく、あるとするならば名前の画数くらいでしょう。それでも、沖縄の画数が多く珍しい名字の人でも最大60くらい。スマートフォンのロックナンバーには8桁のものもありますが、それでも最大72です。そのため、次のページから始まる37以降の数字については、自分の好きな数字や気になる数字があるとき、そして何か大きな数字を選ぶ場面がきた際に、ぜひチェックしてみてください。

では、私が用いている「数意学」で使用する80までの数字について解説していきましょう。

37
↓
80

No.
37
ラッキー度
★★★☆☆

自立心、好奇心が旺盛で我が道を行く個性派タイプ

どんな運勢?

「自分は自分、無理に人に合わせる必要はない」と考える、クールで個性的な数字。この数字をもっていると、ちょっと変わり者扱いをされるかもしれません。能力はあるので仕事で活躍できますが、さらに協調性を補うことができれば、何事もスムーズに運びます。

独立・クール・パワフル・信用・発展

No.
38

ラッキー度
★★★★☆

芸術や文化で才能発揮！趣味が実益に繋がることも

どんな運勢？

何かを作り出すことに向いている数字と言えます。手先が器用で、趣味の分野でプロ級の腕前だったりするのでは？人と争うことが少ない平和主義者なので、もう少しこだわりや強さがあるといいでしょう。しかし何事も分を守り、無理は禁物です。

器用・クリエイティブ・協調性・無理をしない

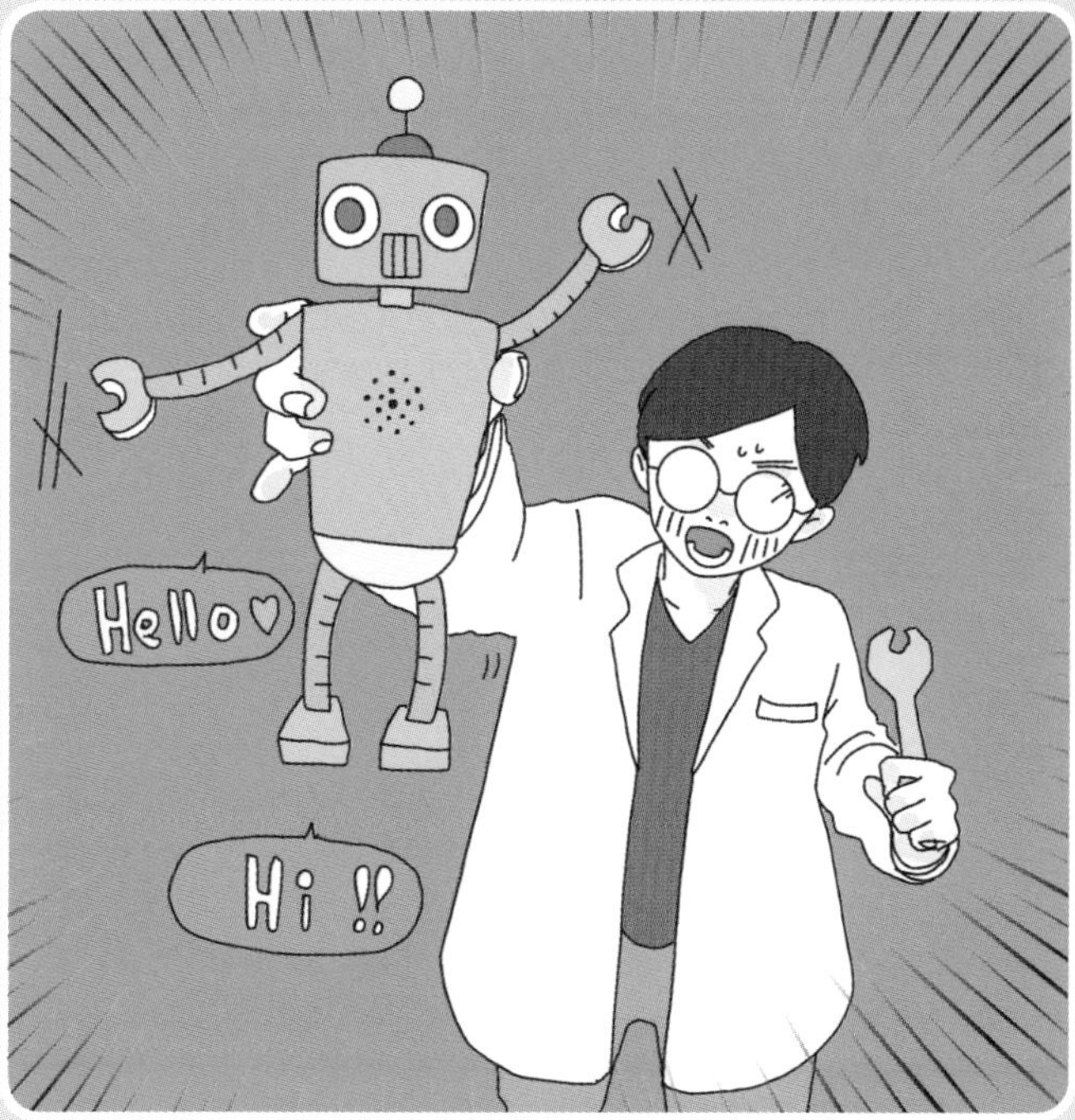

No.
39
ラッキー度
★★★★★

ここ一番で力を発揮！将来はトップの座に君臨

どんな運勢？　ロマンチストである一方、理性的で責任感もしっかりあり、ここぞというときの勝負強さはピカイチ。さらにリーダーとしての才能にも恵まれている、とてもいい数字です。特に、中年以降はトントン拍子にことが進み、まわりからは敬われ、トップで成功できそう。

成功・長寿・理性的・勝負強い・感受性が豊か

No.
40
ラッキー度
★★☆☆☆

チャレンジするも行動力や勝負強さを生かしきれず

どんな運勢？

頭もよく大胆に挑戦できる思い切りのよさもあるのに、なぜかなかなか成功できず、すべてが台無しになってしまいがち。あれこれと手を出し、中途半端にならないよう気をつけて。一芸を身につけたり、計算高さや冷静さを補うことができれば、成功率がアップします。

波乱・知力・人望が薄い・色情・中途半端

No.
41
ラッキー度
★★★★☆

さまざまな能力が高く、判断力・行動力バツグン！

どんな運勢？

最初は苦労があっても、実力でどんどん上昇していける数字。夢を現実のものにするパワーがあります。状況に合わせた判断力にも優れ、トラブルが起きてもユニークな発想で解決できそう。スムーズさやスピード感を意識すると、さらに大成するでしょう。

実力派・成功・行動力・チャンスをつかむ

No.
42

ラッキー度
★★☆☆☆

何でもこなせる実力アリ。主体性を意識して

どんな運勢？

いろいろなことに興味をもつ反面、熱しやすく冷めやすいのが玉にキズ。何でも無難にこなしますが、「これをやりたい！」という強い気持ちに欠けているため、器用貧乏になりがち。ひとつの目標に向かって地道に進むことができたら、成功が待ち構えています。

多才・器用貧乏・優柔不断・意志が弱い・受け身

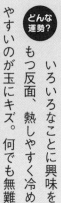

No. 43

ラッキー度
★☆☆☆☆

飽きっぽくて運が弱く、お金との縁もなし

どんな運勢？

信念がなく気が短いので、仕事も貯金もなかなか続かなくなってしまう数字。表向きは派手な生活を送っていても、実は家計は火の車……という場合も。残念ながら、財をなすのは困難です。優柔不断なため、何かと貧乏くじを引くハメにもなりそう。

短気・優柔不断・散財・信念がない・家庭縁が薄い

No.
44
ラッキー度
★☆☆☆☆

何かとトラブルが続き悩み事の多い日々を送る

どんな運勢？

「44」は、破壊数。常に危険と隣り合わせで、事故やトラブルに巻き込まれやすく、物や縁を壊してしまうことも多い数字。そのため団体行動も苦手で、内向的になってしまいがち。そのツキのなさから、女性は家庭で苦労することも。

トラブル・内向的・病難・災厄・孤独

No.
45
ラッキー度
★★★★★

真に努力することで荒波を乗り越え目標達成！

どんな運勢？

トラブルが少なく、基本的に平穏に過ごせる数字。さらに計画性もあり、正直者で不正には手を出すことがありません。そのため、何事も順風満帆に進むでしょう。女性は良縁を得やすいですが、才知を出しすぎると孤立してしまう可能性もあります。

計画性・正直者・温厚・平穏・順風満帆・成功

No.
46
ラッキー度
★☆☆☆☆

大成功 or 大失敗
途中でダメな方向に急変!

どんな運勢?　落ち着きがなく、1ヵ所にじっとしていられなくなる数字。せっかく努力で積み上げたものも、自らトラブルに飛び込み、最後にポシャるなんていうことも。バクチ型の人生は、大成功する人もいますが、多くの場合はアクシデントが多くなりがち。

激変・落ち着きがない・トラブル・波乱

No.
47
ラッキー度
★★★★★

特に金運・財運強し！努力をすれば報われる

どんな運勢？

友人・知人に恵まれ、厚い信頼が得られる数字。自分さえきっちり努力できれば、育ててきたものは、必ずキレイな花を咲かせることができるでしょう。

結婚運やくじ運も強い数字です。特に女性は、良縁に恵まれ、玉の輿に乗ることができます。

信頼・対人運・名声・努力が実る・玉の輿

No.

48

ラッキー度

★★★★☆

自分は表に出さず、裏方で才能を発揮する陰のドン

どんな運勢？

派手なことは苦手だけれど、コンサルタント的な仕事など裏方で活躍できる数字。知性に恵まれ人にも好かれるので、戦略を練って人を動かすような役割が適任です。女性は結婚後、賢妻になるタイプですが、夫を立てるようにするとよりよいです。

人徳・知性・軍師・名声・財力を得る

No.

49

ラッキー度

★★☆☆☆

勘頼みは要注意！
不運でもやけにならないで

どんな運勢？

一時の感情でコロコロと行動を変えたり、勘だけで動いて失敗しがちな数字。勘が当たればいいけれど、外れると失敗も大きそう。また、見栄っ張りで苦労をします。特に晩年には注意が必要です。やけにならず、軽はずみな行動は控えて。

勘で判断・見栄っ張り・変転・波が激しい

No.
50
ラッキー度
★★☆☆☆

運気に左右されやすく苦労が多くなりがち

どんな運勢？

強みと弱点の差が激しく、努力したことが水の泡になったり、突然のアクシデントに苦労させられる数字。一時は成功するものの、途中から不運に見舞われてしまう場合も。また、家族や他人を優先させ、自分の幸せが後回しになりがちなので注意して。

両極・アクシデント・努力が台無し・他人優先

No.

51

ラッキー度

★★☆☆☆

はじめは好調も徐々に暗転。人の助けを借り運気アップ

どんな運勢？

一時は脚光を浴びたり活躍はできても、それが長く続かない数字。年とともに悪い作用が強くなるので、年齢を重ねるほど注意が必要に。お人好しで人助けはするのに、誰かに助けを求めるのが苦手。わがままな人が寄ってきやすいので要注意。

明暗・他人に頼れない・晩年が不遇・逆境

No.
52
ラッキー度
★★★★★

時代を先取る先見の明あり。チャンスを生かし金運も◎

どんな運勢?

先見の明があり、アイデア勝負で、一代で富を築くことができる数字です。豊かな才能と華やかな雰囲気をもち、さらにチャンスは必ず成功に繋げる強いパワーがあります。女性は積極性があり、良縁を引き寄せられるでしょう。

チャンスを生かす・才能・無から有を生む・積極性

No.
53
ラッキー度
★☆☆☆☆

表と裏の状況がまるで違うのが特徴

どんな運勢？

表面上は幸せそうでも、実は悩みが多く苦労しているなど、心はいつも休まらない数字。虚栄心が強く知ったかぶりをしたり、自分を過大評価して失敗することが多そう。また、物事を深く考えるのが苦手で、その場限りでごまかしたりしがち。

過大評価・知ったかぶり・表裏が異なる・苦労

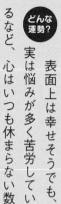

No.

54

ラッキー度

★☆☆☆☆

対人運が悪く仲間ができず気がつけばひとりぼっちに

どんな運勢？

頑張っても努力が報われず、マイナス思考。健康面もすぐれず、体の弱さもある数字です。しかも、恩を仇《あだ》で返されたりと人の助けにも恵まれず、まさに泣きっ面に蜂。そのため自ら周囲に壁を作ってしまい、孤独な人生になりがちです。

努力が実らない・孤独・マイナス思考・一家離散

No.
55
ラッキー度
★★★☆☆

生涯に3度のチャンス到来。その機会を逃さぬべし！

どんな運勢？　人生で3回のチャンスが訪れると言われている数字。好奇心旺盛でいつも飛び回っているため、チャンスをしっかりつかめるかが最大のカギに。また、一度克服してもさらに困難が続いたり、過剰な自信から自己中心的になりがちなので注意。

自信過剰・自己中心的・好奇心旺盛・困難

No.
56

ラッキー度
★★☆☆☆

サボったり挫《くじ》けたりして ついラクなほうを選びがち

どんな運勢?

基本的な能力は高いのに、何かと邪魔が入って無気力になりがちな数字。そのためチャレンジすることをやめて人に頼ってしまったり、消極的でラクな道を選んでしまいそう。つい、輪から離れて傍観してしまうことも多々あるでしょう。

消極・無気力・傍観者・サボりがち・知性

No.
57

ラッキー度
★★★☆☆

大きな壁が立ちはだかるもそれを糧にできる強さあり

どんな運勢？

明朗な性格で立ち直りが早く、どんなに打たれても必ず立ち上がることのできる数字。我慢強く、不可能も可能にしていくパワーがあります。厳しい冬のあとにやってくる春の恵みのようなイメージです。家族にも恵まれ、幸せな家庭が築けそう。

天恵・明朗・家庭円満・我慢強い・発展

No.
58

ラッキー度
★★★☆☆

七転び八起きの精神で晩年には幸せをゲット

どんな運勢？

忍耐力があり、失敗にもめげません。浮き沈みが激しいですが、必ず立ち直れる運勢です。また、独自の発想でピンチをチャンスに変える力ももっています。周囲の人を大切にし、大勢で楽しむことが好きなので、ほどほどの生活でも幸せになれそう。

計画性・ユニーク・忍耐・七転び八起き

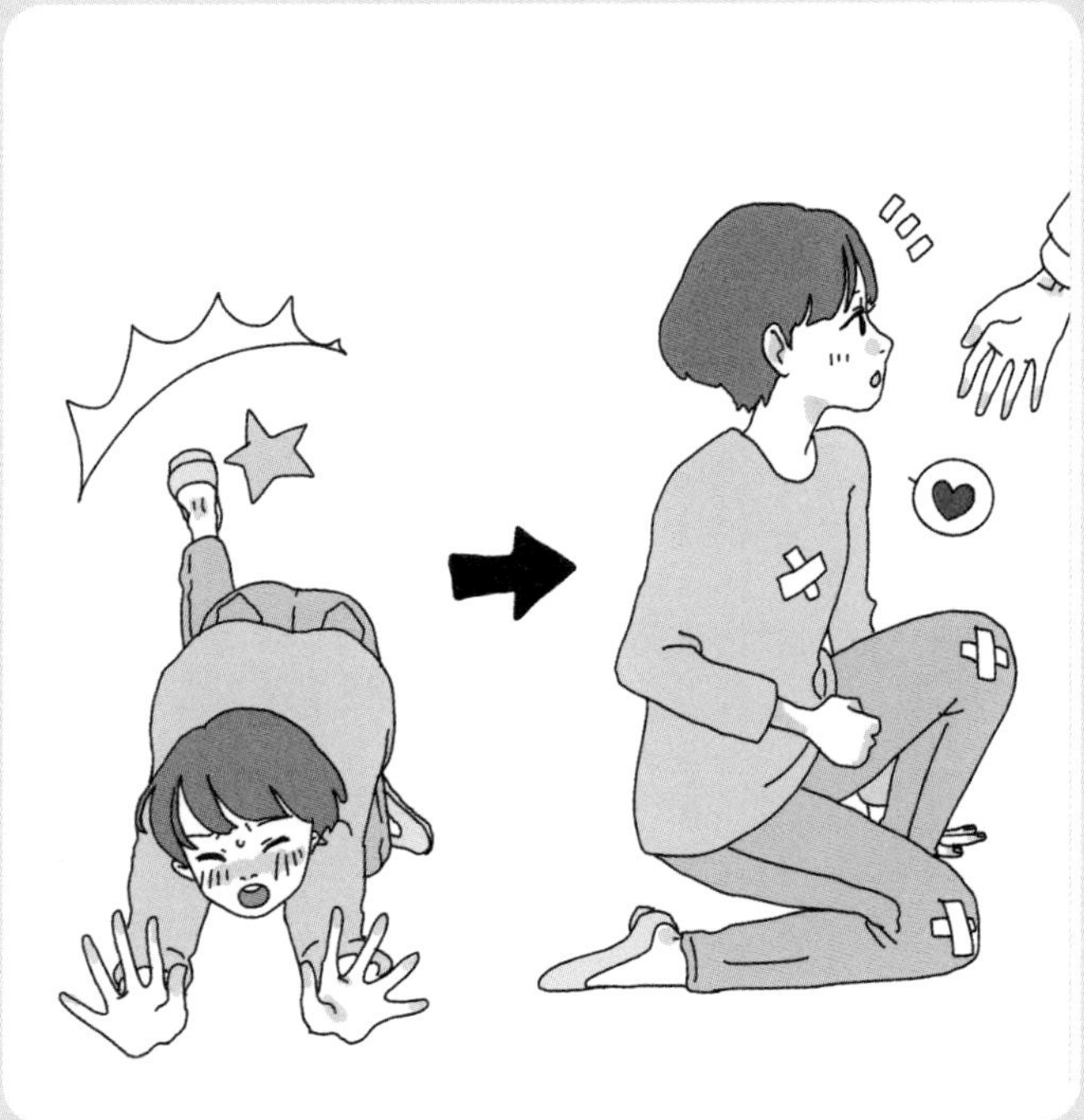

No.
59

ラッキー度
★★☆☆☆

新しいこと・変わったことは避けがちな小心者の一面も

どんな運勢?

ガードが堅く潔癖で、チャレンジ精神は皆無の数字。忍耐力もあまりなく、クヨクヨ思い詰めることが多い一方、何事にも関心を示さず、無感動でいつも淡々としています。その割に不平不満は多く、精神的に満たされない日々に……。自分の意思を強くもって。

ガードが堅い・潔癖・無関心・小心・家庭不和

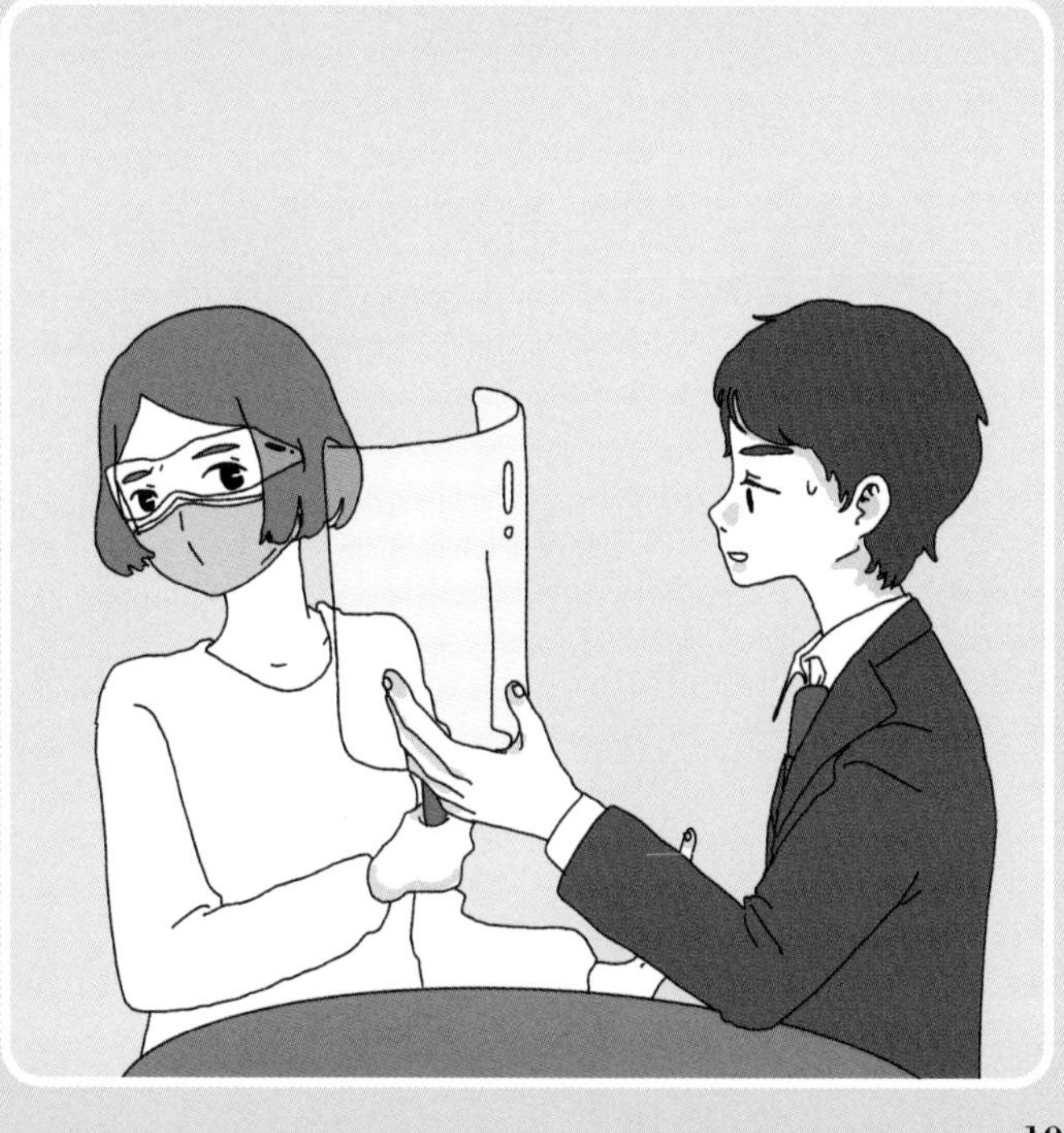

No.
60
ラッキー度
★★☆☆☆

見た目は派手に着飾っても実は孤独な寂しがり屋

どんな運勢？

外見は華やかでも生活や精神状態は不安定で、根拠のないものを頼りにしたり、お金に依存したりしがちな数字。人に対して感情的になりやすく、思いやりに欠けるのも困ったところ。一度立ち止まって、落ち着く時間を作りましょう。

派手・寂しがり屋・不安定・感情的・孤立・不遇

No.
61

ラッキー度
★★★☆☆

強いパワーをもっているがそれが身勝手な方向に

どんな運勢？

能力が高く「幸せになりたい」という意欲も強いため、自分の力で富と名誉を手に入れることができそう。でも、他人の話に耳を傾けないのが玉にキズなので、まわりの人にも尽くすことで、さらに成功への道がひらけます。協調性を忘れずに。

発展・実力発揮・傲慢・エゴイスト・家庭不和

No.
62
ラッキー度
★★☆☆☆

八方美人になりすぎず本物を見極めて

どんな運勢?

あちこちにいい顔をして、チャンスを逃してしまいがち。何事も中途半端で投げ出したりと、周囲にも迷惑をかけそう。また、無理に背伸びをして暴走しそうなので、ほどほどで満足するのが大事。家族がバラバラになってしまう心配も。

八方美人・病弱・不和・失意・家族離散

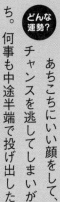

No.

63

ラッキー度

★★★★☆

幸せな家庭で継承者に恵まれ子孫も繁栄する

どんな運勢？

頭脳明晰で芸術的な才能も豊かな数字なので、どんな環境でも自分らしさが発揮できそう。生涯、平安に暮らせ、社会的な地位も確固たるものに。また、カギとなるのは継承者。家庭を円満に子や孫を大事にすれば、何事もうまくいくでしょう。

センスがいい・子孫繁栄・頭脳明晰・自分らしさ

No.

64

ラッキー度

★☆☆☆☆

波乱が続き、不幸のスパイラルにハマりそう

どんな運勢？ 足して10（0）になる「64」は、災難続きの弱い数字。一生懸命に努力しても失敗に終わったり、正直者がバカを見るようなことにもなりがち。自分に正直すぎるのも考えもの。感情に流されない計画的な行動が苦労を減らすカギとなります。

不幸・波乱・不遇・自分に正直・一家離散

No.
65

ラッキー度
★★★★★

精神的にも経済的にもどっしり安定

どんな運勢？

冒険しても危機に見舞われることはなく、何事もスムーズに進められる数字です。争いを嫌い、順応力も高いので、どんなところでもやっていけそう。長命かつ、幸運も長く続き、子孫までも伝わります。交友関係も広く外国の文化にも興味が出がち。

安定・交友関係が広い・順応性・長命・良縁

No.

66

ラッキー度

★★☆☆☆

不安定な心と体のバランスを崩しがち

どんな運勢？

ストレスをためやすかったり、原因不明の体調不良に悩まされたりと、健康に不安あり。その割に、普通では考えられない冒険をしたがります。地に足が着いていない行動で、周囲ともトラブルに。特に晩年は注意が必要なので、じっとこらえることが大切。

冒険・トラブル・体調不良・孤立・災厄・色難

No.

67

ラッキー度

★★★☆☆

周囲の厚いサポートで努力するほど実りあり！

どんな運勢？　ユーモアや親切心にあふれ、周囲の人から尊敬されて、注目も集める数字。あらゆる分野での才能もあり、多くの人から援助を受けることができそうです。努力の数だけツキに恵まれるので、どんなときも努力は惜しまないでくださいね。

ユーモア・親切・天恵・成功・発展

No.
68

ラッキー度
★★★★☆

思考力はバツグンだがやや頭でっかちな面も

どんな運勢?

論理的な思考力に優れている数字。細かいところにも気がつき、テーマを見つけてとことん追求するでしょう。ＩＴや科学の分野で成功する人も多い数字です。石橋を叩いて渡る堅実さもあり、知力にすぐれ勤勉なため、発明の才がある人も。

論理的・感性豊か・追求・計画と実行力・勤勉

No.

69

ラッキー度

★☆☆☆☆

優しさが裏目に出てしまい混乱を招きそう

どんな運勢?

気配り上手できめ細かい優しさがあるけれど、それが裏目に出がちな数字です。また、せっかくの才能が発揮できない、ツキが長続きしない、突然不幸が降りかかるなど、何かと混乱に陥ることも。そんなときには逆らわず、この混乱を糧にしてしまいましょう。

感受性が鋭い・不幸・不安・動揺・混乱

No. 70

ラッキー度

★☆☆☆☆

孤独に長い旅を続ける青い鳥症候群

どんな運勢？

職種や職場をコロコロと変えがちな数字。あれこれ首を突っ込むものの、〝本当の自分〟を見つけられず迷走。人づきあいは苦手だけれど、独占欲の強さもあって「友達をとられた」などと寂しがります。周囲のアドバイスをよく聞くことが成功への近道です。

転居・独占欲・寂しがり屋・災厄・苦難・孤独

No.
71
ラッキー度
★★★☆☆

人のために尽くせる典型的な善人

どんな運勢？

人が嫌がる仕事も進んで引き受け、どんどん出世できる数字。計画性もあり常に努力を続け、しかもおごることなく人と喜びを分かち合える人です。チャンスが巡ってきたときに全力を出せるよう、普段から勇気と細心の気配りを心がけて。

出世・計画・努力・力を蓄える

No.
72

ラッキー度
★☆☆☆☆

経済感覚に乏しいため いつも金欠に悩まされる

どんな運勢？

残念ながら、金銭的には常に恵まれない数字。外見にとらわれ、無理して高い物を購入するなどしがち。意地っ張りで、弱みを見せることもできません。一見、幸せそうに見えるかもしれませんが、いつ崩れるかわからない不安定さがあります。

金欠・見栄っ張り・意地っ張り・不安定

No.
73

ラッキー度
★★★☆☆

望みを叶えるパワーはピカイチの才能あり！

どんな運勢？

「こうなりたい」「これがしたい」という、自分が思い描いた理想を実現しやすい数字です。自身のもつ優れた才能で着実に目標に近づき、豊かな富を手に入れます。家族にも恵まれるため、生涯平安な人生を送ることができるでしょう。

実現・才能・家庭運・目標に進む・平安

No. 74

ラッキー度

★☆☆☆☆

自分勝手が暴走するヒステリー人間

どんな運勢？ 自己中心的で、プライドが高くなってしまう数字です。何か不都合があると、ついカッとしてしまいがち。また、決断力に欠け迷いが多くなり、なかなか出口を見つけられません。病弱で苦労する人も。イライラしないように心がけて。

利己主義・自分勝手・ヒステリー・自信過剰

No.

75

ラッキー度

★★★☆☆

根っから真面目な公務員タイプ

どんな運勢？

慎重でマイペースになる数字。コツコツ努力を積み重ねることが、幸運を手に入れるカギです。この数字をもつ人の場合、無理をすると運気が逃げるので、誰かの真似をして冒険したりしないこと。「一歩進んで、二歩休む」を合い言葉に、急激な前進は禁物です。

慎重・マイペース・努力・バランス・保守

No.

76

ラッキー度

★☆☆☆☆

表面的なことに気を取られ苦労する一面も

どんな運勢？ 目先のことに振り回され、軽はずみな行動をとりやすい数字。恋愛でも、優しい言葉やルックスのよさに弱く、惚れっぽいでしょう。非常に頑固で、まわりの人の忠告にも耳を貸さないため、痛い目にあいそうです。気がついたら孤独だった、とならないよう気をつけて。

軽はずみ・頑固・孤独・病弱・惚れっぽい

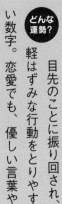

No.
77

ラッキー度

★★☆☆☆

周囲に引き立てられ成功できる運勢をもつ

どんな運勢?

目上の人の助言や周囲の助けなどで、道が開かれやすい数字です。自分の目標に向かって誠実にコツコツと頑張る姿に、周囲の人も手助けしたくなるよう。困難にぶつかっても、不屈の意志で受け止めることで、成長することができます。

堅実・誠意・不屈・着実に積み重ねる

No.
78
ラッキー度
★★★☆☆☆

素直に反省できる力を備えることが成功への近道

どんな運勢?

自分の失敗や非を素直に認められる数字。同じ失敗は二度とせず、また周囲への気配りもうまいので、人の助けや評価も得やすいでしょう。その分、〝我〟を出しすぎないように注意して。子や孫にも愛され、幸せな晩年を送ることができます。

他力・反省・気遣い・外からの助け

No.

79

ラッキー度

★☆☆☆☆

クールすぎて理解されない孤独なタイプ

どんな運勢？

人間的な温かみに欠ける数字。その割に自分のことを自分で決められず、人に意見を求めたり情報に振りまわされたりして、うっとうしがられます。理想と現実のギャップにも苦しみそう。体が丈夫という特徴もあるので、それを生かすのも◎。

クール・決断力に乏しい・逆境・不振・丈夫な体

No.
80

ラッキー度
★☆☆☆☆

ストレスが溜まりやすく現実逃避しがち

どんな運勢?

消極的でネガティブになってしまう数字。嫌なことや苦しいことから逃げてしまい、何事も成し遂げることができません。恋愛でも、「片思いのままでいい」「誰か紹介して」と人任せ。気がつくと、孤独になってしまうかも。ストレスの溜めすぎには要注意。

消極的・ストレス・人任せ・病災・空虚・孤独

おわりに

今回は、私が提唱する「数意学」をもとに、数字のもつエネルギーや特徴について紹介してきました。今、この本を読み終えたあなたは、これらの数字をどう活用しますか？　スマートフォンのロックナンバーを変えたり、持ち物に数字を書き込むなどは簡単にできます。一方、電話番号を変更したり、車のナンバープレートを変更するのは少しハードルが高いですが、重い腰を上げ携帯ショップなどに出向いたその瞬間から運気は変わり始めます。琉球風水では、〝行動を起こすこと〟が開運への第一歩なのです。

物事を変化させると、必ず何かしらの出来事が起きます。これは「好転反応」と言い、運気がよい方向に向かう前に一度、大きな試練が立ちはだかります。それに直面すると、運気が悪くなってしまったと思うかもしれませんが、決してそんなことはありません。試練が大きいほど、その先に同じだけの幸運が待っているのです。

また、数字はその人に〝合う〟〝合わない〟があり、例え吉数であってもあなたとの相性はよくないということもあり得ます。その場合はなかなか効果が現れないことでしょう。逆に、相性のいい数字を選んだ場合はすぐに効果が現れることもあります。期限としては、3年を目安にしてください。3年経っても状況が変わらない場合は、あなたには合っていない数字だったと考えられます。運気アップやラッキーはすぐに訪れるわけではありませんので、すぐに諦めず、自分に合った数字を見つけてくださいね。

本書は『数字の暗号 ―Number Code―』（講談社・2009年発行）に加筆修正を加えたものです。

STAFF

株式会社 SUPER MIX

イラスト　奥田けい

ブックデザイン　市原シゲユキ

編 集　荒井風野

プロデュース　成澤景子

＼ シウマ ／

1978年生まれ、沖縄県出身。琉球風水師である母の影響で琉球風水を学び始めたのち、姓名判断や九星気学などをもとにした独自の「数意学」を考案。延べ10万人以上を鑑定、多くの企業経営者、著名人からの支持を得ている。主な著書は『琉球風水志シウマが教える 身の回りをパワースポットに変える「数字の魔法」』（講談社)、『スマホ暗証番号を「8376」にした時から運命は変わる！』(主婦と生活社)、『シウマさんの琉球風水開運術！』（KADOKAWA）など。『突然ですが占ってもいいですか？』（フジテレビ系）など多くのメディアやイベントへの出演、YouTubeチャンネル『琉球風水志シウマの「Let's開運」』で動画配信も行っている。

琉《りゅう》球《きゅう》風《ふう》水《すい》志《し》シウマが教《おし》える
あなたの運《うん》命《めい》をつかさどる
「数《すう》字《じ》の暗《あん》号《ごう》」

2021年 7月30日　第1刷発行
2024年 2月 1日　第8刷発行

著者 —— シウマ
発行者 —— 清田則子
発行所 —— 株式会社 講談社
〒112-8001
東京都文京区音羽2-12-21
TEL　編集　03-5395-3400
　　　販売　03-5395-3606
　　　業務　03-5395-3615

KODANSHA

印刷所 —— TOPPAN株式会社
製本所 —— 大口製本印刷株式会社

ISBN978-4-06-522200-3